Ma sott lache

Georg Ried

Ma sott lache

Franz Brack Verlag, Altusried

Umschlag und Illustrationen: Hans Holzmann

Kontaktadresse des Autors:
Georg Ried
Weiherweg 9
87662 Markt Kaltental
Telefon 0 83 45/12 04
E-mail: info@ried-entertainment.de
Internet: www.ried-entertainment.de

Alle Rechte vorbehalten
ISBN 3-930323-48-6
1. Auflage
© 2004 Franz Brack Verlag
Zugspitzstraße 2a, 87452 Altusried
Telefon 0 83 73/92 05-20
E-mail: info@brack-verlag.de
Internet: www.brack-verlag.de

INHALTSVERZEICHNIS

Mit einer Betrachtung und Beurteilung der Menschen, die hier zu Hause sind, möchte ich dieses Buch beginnen:

Im Allgäu geit's ...

Im Allgäu geit's dia beschte Leit,
zwar isch dr Grind oft stur.
Wenn's doch amaul an Zochl geit,
liegt dös in dr Natur.

Im Allgäu geit's dia gscheidschte Leit,
dia hand was in dr Biare,
drum isch dr Grind o ziemlich breit,
dös macht dös große Hiare.

Im Allgäu geit's dia brävschte Leit,
's gauht meistens friedlich zua.
Dr Allgäuer, der will koin Streit,
er will bloß ois, sei Ruah.

Im Allgäu geit's dia scheaschte Leit,
ob Male oder Frau.
Und wenn's amaul doch wiaschte geit,
nau sind dia idd vo dau!

Im Allgäu geit's bloß nette Leit,
dös siecht ma doch an eis.
Mir all mitnand, mir sind doch heit
dr allergreascht Beweis.

Eine wahre Begebenheit, die in den 60er Jahren des 20. Jahrhunderts in einem kleinen Dorf im nördlichen Allgäu passiert ist:

Begrüßung

Dr Harmonie-Musikverei
lädt zum Herbstkonzert mea ei.
Es soll sogar, ma haut's vernomme,
zum easchte Mal dr Landrat komme.
Dös isch a Ehr für d' Dorfkapelle,
dea Landrat war no nia zur Stelle.

Dr Wiatshaussaal isch grammlet voll,
em Vorstand, deam war gar num wohl,
eahm isch arg flau im ganze Mage,
er soll ja iatz glei „Grüß Gott" sage.
Begrüßung mache vor de Leit,
koi Mensch dean Kerle drum beneidt.

Ganz nervös, ma sieht eahm's a,
stauht er am Rednerpult iatz dra,
begrüßt de Lehrer mit dr Frau,
o dr Pfarrer, dea isch dau,
d' Bürgermeister, d' Gemeinderät,
bloß vom Landrat er nix set.

Ohne Gruaß – deam Ehrenma,
fangt d' Musik nau zum spiele a.
Dr Dirigent set währenddesse:
„Du hausch de Landrat frei vergesse!"

„Jesses", schreit dr Vorstand glei,
„Schluss dau mit der Spielerei!"
Er springt ganz schnell, ohne Geduld,
schnurstracks mea ans Rednerpult.

Ganz verdaddret er nau spricht:
„Dir liebe Leit, Dir globet's nicht,
iatz hau i doch bei meiner Red
idd zu alle ‚Grüß Gott' gset.

Herr Landrat, i hau Sie vergesse,
i könnt mi glei im Kraut auffresse!
Herr Landrat, dös duat mir frei Leid,
doch als Vorstand fehlt mer Zeit,
i muaß mer 's Hire schier verrenke
und sott an jeden Scheißdreck denke!"

Eine wahre Geschichte aus jener Zeit, wo echte Musikanten nicht für Geld, sondern noch für Freibier spielten.

Dr Freibier-Musikant

Beim Gauschieße im Oberland
spielt jeden Tag d' Kapelle,
es fehlt huir no a Musikant,
ma muaß a Aushilf bstelle.

Dia Aushilf sott hald billig sei,
ma haut ja idd viel Geld.
Denn Kasse im Musikverei
isch idd grad arg guat bstellt.

Ma ruft de Sepp vo Beire a,
dia Zuasag, dia kommt glei.
Er will koi Geld, der gute Ma,
derfür hald 's Trinke frei.

Dr Handschlag gilt, dr Sepp weat bstellt,
ma haut iatz all beinand,
und d' Musik haut, ganz ohne Geld,
de beste Musikant.

Tag für Tag isch Sepp derbei,
als Musikant ein Ass.
Doch o am Maßkrug hebt a ei
beim Festbier vo deam Fass.

Am letschte Tag war alles platt,
de Festausschuss haut's troffe.
Iatz haut dr Sepp in 5 Täg glatt
an Hektoliter gsoffe!

Mei guater Raut nauch derer Gschicht,
dean ka i ui sche sage:
Gend Obacht, wenn ma oin verpflicht,
und luaget auf sein Mage.

Nauch der Erfahrung, dia mer hand,
isch manchmal gar idd guat,
wenn ma an Aushilfsmusikant
statt Geld mit Freibier zahle duat!"

*Wie kurzweilig unser Dialekt ist, beschreibt das
Wort „saleta", das so viel wie „seiner Lebtag"
oder „ein Leben lang" bedeutet:*

Saleta

Saleta wohnt dr Bronner Hias,
saleta dau bei eis.
Saleta mit am Bart im Gfries,
saleta war dea weiß.

Saleta isch dr Hiasl gera,
saleta dob beim Wiat.
Saleta ka ma Hiasl hera
als Sänger vo am Liad.

Saleta haut dr Hiasl Duscht,
saleta sauft dea Ma.
Saleta haut dr Hiasl Gluscht,
saleta siecht mam's a!

Saleta isch dr Hias alloi,
saleta ohne Braut.
Saleta set dr Hiasl noi,
wenn's um sei Hochzeit gauht.

Saleta haut dr Hias sei Gwand,
saleta d' Lederhose.
Saleta in dr linke Hand
sei alte Schmalzlardose.

Saleta duat dr Hiasl jage,
saleta dob im Holz.
Saleta manchen Bock hoitrage,
saleta isch a stolz.

Saleta isch dr Hias bekannt,
saleta mit derbei.
Saleta isch a Musikant,
saleta im Verei.

Saleta war's mit Hiasl schea –
und heite trät man naus.
Saleta haut a eis was gea,
iatz isch saleta aus!

Wir Allgäuer sind uns oft gar nicht bewusst, wie
international gerade unsere Muttersprache ist:

Ein Allgäuer in England

Der Dialekt vom Allgäu-Land,
der isch international bekannt;
was ma im Dialekt verzellt
verstauht ma auf dr ganze Welt!
Dir globet's idd, nau loset grad,
i hau a nette Gschicht parat!

A älteres Male, also ein älterer Herr aus Kemp-
ten, hat im Preisausschreiben der Allgäuer Zei-
tung eine Drei-Tage-Reise nach London ge-
wonnen. Gleich nach der Gewinnbenachrich-
tigung ging er sofort ins Reisebüro und sagte
zur Angestellten:
„Grüaß Gott, Sie, i hau dau a Reise im Preis-
ausschreibe bei dr Zeitung gwonne, drei Täg
auf London! Sie, i war in meim Lebe no nia in
London und übrigens schwätz i koi oizigs Woat
Englisch! Wär dös vielleicht möglich, dass ma
mir die Reise auszahlt?"
„Nein", meinte die Dame im Reisebüro, „das
ist leider nicht möglich, die Reise ist schon be-
zahlt, die müssen Sie antreten oder sie verfällt.
Und übrigens, das mit der englischen Sprache
ist nicht so schlimm, denn der Allgäuer Dialekt

ist mit dem Englischen sehr nah verwandt, Sie müssen nur langsam in Ihrem Dialekt reden, dann versteht man Sie in ganz England!"

Gut, sparsam wie die Allgäuer sind, ist unser Gewinner nach London geflogen. Er steigt vom Flugzeug aus, geht in ein Pub, also in eine Gaststätte, setzt sich an einen Tisch und sofort kommt die Bedienung zu unserem Allgäuer.

Ganz langsam beginnt die Bedienung zu fragen: „Grüaß Gott, was mechtet dir trinke? Unser Allgäuer schaut zunächst etwas verwundert, denkt aber gleich an das, was ihm das Fräulein im Reisebüro sagte, und erwiderte ebenfalls ganz langsam: „Grüaß Gott, i mecht bittschea a Halbe Bier!" Darauf die Bedienung: „Mechtet dir a Hells oder a Dunkels?"

Darauf unser Allgäuer: „Ah – bitte a Hells!"

Die Bedienung geht, kommt mit dem Bier und serviert es mit den Worten: „Zum Wohl!" Unser Allgäuer trinkt, schaut die Bedienung an und fragt: „Sie – iatz muaß i aber sche mal dumm frauge, wo kommet Sie denn eigentlich her? I bi vo Kempte im Allgäu!" Darauf meinte die Bedienung ganz freundlich: „Und i komm gebürtig vo Durach bei Kempte!"

Drauf sagte unser Allgäuer: „So, so – ja und warum schwätzet mir nau englisch mitanander?"

Dass der Dialekt bei vielen unserer „Einheimischen" oftmals zu einer Fremdsprache geworden ist, muss man leider immer mehr feststellen!

Allgäu-Translation

Wer schwätzt iatz heit no Dialekt?
Schea langsam isch dia Sprauch verreckt.
Ob junge Mädla oder Ma,
dean Dialekt fascht koir mea ka.
Bloß „hochdeutsch" weat no konversiert,
mit Dialekt bisch oft blamiert!
Fahr heit amaul ins Städtle nei,
nau brauchsch an Dolmetscher derbei.
„Allgäu-Transläschn" muaß dau gauh,
soscht duat di koi Mensch verstauh.

Weil's eascht so kalt war, bin i glei
auf Beire, in a Sportgschäft nei.
D' Verkäuferin, dia frauget mi:
„Guten Tag, was kriegen Sie?"
„Grüaß Gott, i bräucht a ‚Unter-Gwand',
wär guat, wenn dir a wulles hand,
und für de Grind a Zipfelkappe,
soscht bleibt dr Rotz am Zinke babbe."

Dia Föhl, dia haut koi Woat kapiert,
„Transläschn" hau i nau probiert:
„Guten Tag, ich hätte gerne
ein ‚Body-Woll-Dress', gut für Wärme,

und eine Mütze für den Kopf,
sonst gefriert mein Nasentropf."
Nau fangt dia Föhl 's Bediene a,
isch guat wenn ma „transläschn" ka.

Raus vom Lade, bi i glei
in d' Obre-Apothek no nei.
Dem Apotheker sag i nau:
„Grüaß Gott, i bräucht was für mei Frau:
Dia haut a Gschnudr, pflitzget recht,
o em linke Fuaß gauht's schlecht,
d' Kramatsknipfl deand'r weah,
vielleicht duat's ja a Mittl gea?"

Ganz ahnungslos luaget der Ma,
nau fang i mea „transläschn" a:

„Lieber Apotheken-Mann,
meine Frau schlecht schnaufen kann.
Ihre Nase ist geschlossen,
am Fuß die Adern rausgeschossen,
und dafür bräucht ich jetzt ein Mittel,
iatz bring was, mit deim weiße Kittel!"
Er gibt mir alls, der gute Ma,
isch guat, wenn ma „transläschn" ka!

I bi nau Richtung Parkhaus gloffe,
dau hau i Feistles Agath troffe.
Dösch mei Cousine, o vom Land,
doch iatza mit am Arzt beinand:
„Ja, grüaß di, alte Schnetterbäs,
wäch bisch mit deim noble Häs!

Gauhsch heit no ins Gungglhaus
und richtesch alle Leit mea aus?"
Dia Agath haut koin Deit idd gredt!
Nau hau i's auf „Transläschn" gset:
 „Guten Tag, liebes Cousinchen,
einfach toll ist dein Kostümchen.
Gehst du noch zum Konversieren,
um andere Leute zu studieren?"
Dia Sell, dia schüttlet bloß de Grind,
luaget geistreich und verschwindt.
„A so a Batsche", sag i nau,
„iatz duat mi dia o num verstauh!"

I bi nau weiter und no glei
zum Eikofe in OBI nei.
Glei rechts am Eingang stauht oir dra,
im rote Kittel, a junger Ma,
dea haut durch d' Näs a Piercing ghet
und Stichl-Haar, ganz grea und fett!

Zu deam Bürschle sag i nau:
„Hand dir a Gstadl Glufa dau,
i breicht o Kluppa und an Strähl,
mei Haarlege isch soscht recht kähl!"
Dea Bua isch daddrig und ganz platt
und set glei, dass er das nicht hat!
Drauf moi nau i: „Iatz los grad hea,
bei OBI duat's dös alles gea:
A Glufe isch zum Beispiel dös,
was dau bei dir dau in dr Näs
vo oim Loch numm ins andre gauht,
meistens aus am Silberdrauht.

19

A Gschtattl, ja, so saget mir
zu ar Tüte aus Papier,
und Kluppa braucht ma, guter Ma,
dass ma 's Häs aufhenka ka!
An Strähl, dean haut ma allad ghet,
für seine Haarpracht obadett.
Doch mit Haar, wie auf deim Grind,
isch klar, dass ma koin Strähl idd kennt!"

So, und iatz verschwind i dau,
weil i heit koi Lust mea hau,
bloß no in der Stadt rumhetze
und mei Sprauch zum übersetze.

Irgendwann isch mal so weit,
globet's mir, dau springet d' Leit
auf d' Volkshochschul und zahlet Geld
für oin, dea Dialekt verzellt!
Für 1000 Euro kasch dei Hire
nau auf Dialekt studiere.

So weat dös sei in ferner Zeit! –
Isch guat, dass nau dia Bücher geit,
wo eiserois alls niederschreibt,
dass d' Muttersprauch lebendig bleibt!

Mir bleibet eisrer Sprauch sche treu:
„Tschau beinand, tschüss und good bye!"

Quickly

Zwei Schulbuben haben sich im Pausenhof über die Schnelligkeit ihrer Väter unterhalten. Der erste sagte:

„Mei Vater, der isch so schnell, der schneidet in vier Minuten all seine Zehennägel, ohne dass a seine Sock raduat!"

Meint der andere:

„Mei Vater, der schaffet im Landratsamt, der hat jeden Tag bis Nachmittag um viere Dienst und isch um drui sche allad derhoi!"

21

Die Reife der Kinder sollte man nie unter-
schätzen oder zwischendurch an seine eigene
Kindheit denken:

Aufklärungs-Unterricht

Beim Maxi in der 4. Klass,
dau set dr Lehrers-Ma:
„More, dau verzell i was,
dau kommt d' Aufklärung dra!

Dös isch ganz wichtig für die Jugend,
grad in dr heitig Zeit,
dau gauhts um Sex, Moral und Tugend,
nau wisset dr Bescheid!"

Drauf moit dr Max: „Dät's möglich sei,
dass dia, dia sche a Freindin hand,
in derer Stund vielleicht derweil
zum Fußballe an Sportplatz gand?"

Deprimiert

D' Scholastika set zu dr Senz:
„A Hitz hand mir grad gnua.
Dös heiße Wetter setzt meim Lenz
zur Zeit o ghörig zua!

Er isch ganz komisch, redt nix mea,
isch zwidr und oft miad,
dös isch frei manchmal gar num schea,
mei Lenz isch deprimiert."

„Deprimiert", moit d' Senzl glei,
„dös kenn i guat, und wia.
A Depp isch nämlich o dr Mei,
bloß, prämiert haut man no nia!"

Man sollte (Ma sott) viel öfter an diejenigen den-
ken, die sich das ganze Jahr über im Ehrenamt
vorbildlich für die Allgemeinheit aufopfern und
dafür nichts bekommen, außer Neid!

Ma sott

Versammlung isch beim Obre Wirt,
denn 's Sommerfescht stauht a.
Und dass dös Fescht an Schlanz mea kriat,
hockt alls am Stammtisch dra!

Dr Macher vo deam große Fescht
isch Merka Benedikt.
Seit 18 Jauhr duat er bloß 's Bescht,
isch fleißig und recht gschickt.

Grad heit isch Beni idde dau,
er hot koi Zeit idd ghet,
denn seit vornächt isch sei Frau
's dritt Mal im Wuchebett.

Iatz leitet Hias die Sitzung heit,
dea zannet allad gera!
Vo deam kasch bloß dia ganze Zeit
viel Neid und Missgunst hera.

„Ma sott", moit Hias, „dös Feschtle huir
vo Grund auf nui gestalte.
Ma sott de Eintritt eher tuir
und idd so niedrig halte.

Ma sott im Zelt dia Blaskapelle
am beschte gar num spiele lau.
Ma sott a Rockband lieber bstelle,
nau dätet no mehr Junge gauh!

Ma sott dös Zelt bunt dekoriere,
vo'r Bühne bis zum Klo.
Ma sott a Anlag ausprobiere
mit Licht- und Laser-Show.

Ma sott mit nuie Werbesache
dia Leit begeistre für dös Fescht.
Ma sott dös Marketing nui mache,
nau kriat ma o ganz andre Gäscht.

Ma sott viel wirtschaftlicher denke
und Angebote hole.
Ma sott koi Freibier mea ausschänke,
ma häb's ja o idd gstohle.

Ma sott o 's Koche nui probiere,
all dös, was ma heit isst.
Ma sott an Kebab mit eiführe,
weil Göggl koir mea frisst.

Ma sott dös Fescht ganz anderst mache,
mit viel mehr Tat und Kraft.
Ma sott oin hau, dea all dia Sache
nui umsetzt und guat schafft.

Fast alle an deam Stammtisch dra,
dia stimmet Hiasl zua,
und moinet, was der Beni ka,
isch heitzutag num gnua.

Bloß Franzl fangt zum frauge a:
„Du Hiasl, was i wisse wott,
du redsch dia ganz Zeit von am ‚Ma'
und sösch ‚Ma sott, ma sott, ma sott!'

Wer isch der Ma, der dös alls duat,
sag, Hiasl, bisch dös sell?
Machsch du dös Feschtle o so guat
an Beni seiner Stell?"

„Noi", moit Hias, „dös weisch doch sell,
i hau viel z'wenig Zeit.
Grad iatz mit meiner Arbeitsstell,
dau geit's sche andre Leit!"

„Wia isch mit ui?", schreit Franzl laut,
„was soll iatz dea Komplott?
Wer weiß denn sche, wia dös alls gauht?
I sag ui, was ma sott:

Ma sott dia Missgunst und dean Neid
doch endlich mal vergesse.
Ma sott vielmehr dia gute Leit
an ihrer Leistung messe.

Ma sott bei eis in deam Verei
idd gosche und idd klage.
Ma sott deam Beni dankbar sei,
ma sott ‚Vergelt's Gott' sage!"

Dass die Allgäuer zu den sparsamen Menschen
gehören, ist hinlänglich bekannt. Dass Sparsam-
keit nicht immer von Vorteil ist, will uns folgende
Geschichte sagen:

VW - Safari

Mei Lieber, dös isch so a Gschicht,
die i ui dau iatz bericht.
Dia Gschicht, die klingt grad ungefähr,
wia wenn dia fascht verloge wär.
Doch wahrlich haut sich dös zutrage.
Was? – Dös mecht i ui iatz sage!

Dr Feistle Ignaz, oir vo eis,
isch arg kähl, wia jeder weiß.
Ums Geld, dau ka na fürchtig kneischte,
drum duat a sich o gar nix leiste.

Doch iatz haut a für wohl a Geld
doch glatt a ganz nuis Auto bstellt.
An VW-Golf, in Wolfsburg dund,
dös haut an ganz bestimmte Grund,
denn ma haut em Naz empfohle,
er soll dean Karre selber hole.
Dau ka na d' Überführung spare,
drum will a sell auf Wolfsburg fahre.
Und übrigens passt dös recht guat,
weil dau a Tante wohne duat.

Auf dia duat Naz zwar allad fluche,
doch was soll's, dia sott ma bsuche.
Denn schließlich muaß a zwei Täg fahre
und so ka ma a Gasthaus spare.

Gut geplant fäht Nazl nau
mit em Zug und mit seir Frau
auf Wolfsburg und holt den VW,
soweit wär dös alls O.K.
Er isch glei mit seim nuie Karre
schnurstracks zu der Tante gfahre.

Dau hand se nau guat Brotzeit gmacht
und o trunke bis in d' Nacht.
Denn wenn's beim Naz nix koschte duat,
nau isch dr Duscht ganz bsonders guat.

Am nächste Tag moit Tante nau:
„Du Naz, iatz fäsch no mit deir Frau
in den nuie Freizeitpark –
„Safariland" –, bua, dös isch stark.
Dea liegt glei an dr Autobah,
in 20 Minute bisch dau dra.
I hau zwei freie Eintrittskate,
fahr glei los, nau muasch idd wate.

Dr Nazl denkt, warum denn idd,
dean Freizeitpark, dean nemmer mit,
denn schließlich isch dr Eintritt frei!
Gesagt, getan, fahret dia zwei,
er und d' Resl, mitanand,
in dean Park „Safari-Land".

Dea Park haut als Besonderheit,
dass im Auto all dia Leit
oifach hocke bleibe dend,
weil dau extra Straßa sind,
auf deana ma sell fahre muaß,
dös isch bequemer als wia z' Fuaß.
So fäht dr Naz im easchte Gang,
langsam, schea dean Park entlang.

Und was ma dau alls seche duat,
deam Naz, der Resl, gfällt dös guat:
Zebras, Wildsei und Giraffe,
Känguruhs und wilde Affe
loffet in deam Park umnand.
Sogar a großer Elefant
kommt weidle zu seim Auto hea,
dia Resl will deam glei was gea.
Sui duat in ihrer Täsche suche,
dau isch no a Drum Marmorkuache.
Nau druckt se auf dean Schalter nauf,
elektrisch gauht dös Fenster auf,
sie hebt de Kuache in dr Hand
und sche kommt dr Elefant.
Dea schnappet mit seim Rüssel zua,
bloß kriat dea mit oim Drum idd gnua.
Er schnappet noml umanand,
packt wia a Wilder Resls Hand,
und zudem streckt a nau no glei
sein Rüssel bei deam Fenster rei.
Er sucht no nauch am weitre Brocke,
iatz isch dia Resl arg verschrocke.

Sie druckt schnell an den Schalter na,
wo ma die Scheibe nauflau ka.
Und sche gauht dia Scheibe zua,
dea Elefant geit no koi Ruah.
Zmaul zwickt a sich sein Rüssel nei
und duat an furchtbar kähle Schrei.
Er springt in d' Heache voller Schreck
und reißt derbei dia Scheibe weck.

Und zudem dabbet er derbei
in d' Kotflügel a Dulle nei.
Dr Blinkar isch durch Gegend gfloge,
vorna rum war alls verboge.

Dr Ignaz, dea geit sofort Gas,
nix wia futt, dös isch koi Spaß.
Vo deam Vorfall ganz schockiert,
und der Karre demoliert,
fäht a nau, so schnell a ka,
naus vom Park auf d' Autobah.

Er haut sich gärgret, grea und blau,
und übersiecht derbei an Stau.
Dr Nazl bremst, es quitscht ganz laut,
er hätt beinah an Unfall baut.
Dank ABS kommt er zum Stauh,
beim hintre duat dös idd so gauh.
Dea rutscht mit einem Affezah
Richtung Nazls Auto na.
Mit einem Knall fäht dea nau drauf,
es gauht sogar dr Airbag auf.

Dr Nazl, dea isch voller Zore
vom Auto raus und narret wore,
er springt glei hindre zu deam Ma
und schreit, so laut a schreie ka.
Er packt dean Selle glei beim Krage,
dr oi duat auf dean Nazl schlage.
So gauht dös futt, dia Haurerei,
doch Gott sei Dank kommt Polizei.

Dia dend dia zwea nau ausanand
und kläret dös mit Sachverstand.
Sie saget o deam Nazl glei,
dass er fürs Haure schuldig sei,
und dass a iatz sofort zur Buaß
no hundert Euro zahle muaß.

Iatz platzt em Nazl dia Geduld:
„Ja, hurement, bin i denn schuld?
Dea Saupreiß isch doch mit seim Karre
vo hinda auf de meine gfahre!
I zahl dia hundert Euro idd!"
„Gut, dann nehmen wir sie mit!",
set der Polizischt ganz laut,
zmaul haut a ganz verwundret gschaut.

Dea luaget Nazls Auto a
und siecht dia Dulle voana dra.
Er frauget nau glei: „Bitte sehr,
wo kommt denn hier die Delle her?"
Dr Nazl stottret umanand:
„Dös dau? Dös war a Elefant!"

„Soso, ein Elefant war da,
ja, sind wir hier in Afrika?
Mein lieber Herr, ich muss mich fragen,
ob Sie zu viel getrunken haben?
Kommen Sie mal her zu mir,
sie riechen ziemlich stark nach Bier!"
Koi Wunder, haut der Nazl doch
am Vortag gsoffe wia a Loch.

Beir Tante haut's ja Freibier gea,
dia 14 Halbe hebet hea!

Zur Bluatprob hand's en nau glei mit,
wie viel Promill, verraut i idd.
Auf jeden Fall war auf dean Schreck
dr Führerschei iatz o no weck.
Dean Schei hat ma 6 Monat gnomme,
derzua isch no dia Geldstrauf komme.
Voller Dreck war Nazls Gwand,
dr Golf kaputt vom Elefant
und dr Zore no derzua,
mei Lieber, dös war mea wia gnua.

Ma kriat im Leaba hald nix gschenkt,
haut Nazl sich no öfters denkt.
Dös Spare haut sich idd rentiert,
hätt ma dean Golf bloß überführt!

Was lernet mir aus derer Gschicht,
aus deam „Auto-Spar-Bericht":
„Sparsam sei, dös isch sche recht,
doch kähl sei, dös bekommt oim schlecht,
denn was ma unter Umständ gwinnt,
des Selbige mea schnell verrinnt!"

Ein Erlebnis, mit dem jeder mündige Bürger in unserem Staat nicht nur einmal im Leben, sondern leider des Öfteren konfrontiert wird, kommt hier angeritten:

Amtsschimmel

I bin a Mensch, dös ka ma seache,
der vom Scheitel bis zum Zeache
idd grad schüchtern sich verhält,
i stand recht fescht in derer Welt.
Meine Nerva sind recht guat,
drum komm i selten o in Wuat,
i weiß mi z'wehret bei de Leit,
weil's für mi koi Angst idd geit.

Doch letscht Wuch isch mir ebbs passiert,
dau hätt i fascht an Zore kriat.
Ins Landratsamt hau i nei miaße,
mei Lieber, so an Gang muasch biaße!
Denn willsch amaul an Zora hau,
nau muasch bloß in a Amt neigauh!

I hau mer a nuis Auto koft
und dass der Karre endlich loft,
braucht ma ja a Nummernschild,
mei Lieber, dia Aktion war wild.

Punkt fünf vor elfe war i dau,
glei am Eingang fraug i nau
an älteren Herrn, der kommt grad raus,
ob er sich auskennt in dem Haus?

Zulassungsstelle däb i suacha,
i her dean Ma bloß leise fluache,
nau murmlat a an mir vorbei:
„Dia isch dau dinn, viel Spaß derbei!"
Links voana glei, es sei idd weit,
bloß häb i iatz sche höchste Zeit,
denn um zwölfe sei dau dicht.
I hau mer denkt, dös stört mi nicht,
dös isch ja no a ganze Stund,
so lang bleib i doch idd dau dund.
(Doch dau, dau ka ma si verschätze,
in so am Amt duat koiner hetze.)

Siebe Leit sind vor mir dra,
i hock mi auf dös Bänkle na,
neba mir a fremder Ma,
idd vo dau, ma siecht's eahm a!

„Hast du schon Nummer heut bei dir?",
set der Kerle glatt zu mir.
Mei Lieber, dean hau i frei butzt,
und sei Neugier ghörig gstutzt.

„Sie, dös gauht Sie gar nix a",
sag i zu deam fremde Ma,
„denn dös isch allad no mei Sach,
mit weam und wann i Nummra mach!"

38

Im ganze Amt haut ma mi ghert,
drauf haut a Amtmann mi belehrt,
dass der Herr aus der Türkei
mir doch bloß behilflich sei.
„Denn ohne Nummer", moint der Ma,
„kommt ma am Schalter idde dra!"

„So", sag i, „soll i dös wisse?",
und hau mer a Bilettle grisse.

Iatz hock i mea am Bänkle dett,
dea Türk, dea war frei gar num nett,
doch was soll's, sell schuld der Ma,
wenn doch koiner Deutsch gscheid ka!

20 Minuta sind vergange,
i warte, mi duat's ghörig blange.
Doch mei Nummer weat idd gset,
schea langsam weat dia Sach mir z'bled.
Glei bin i an dean Schaltar na,
a Beamtin stauht dau dra.
Dia fraug i nau, idd bsonders nett,
ob sie o Fremdezimmer hätt?

„Denn mit deam Tempo, guate Frau,
bin i ja mora früh no dau!"
Mei Lieber, dia haut ghörig gschluckt,
d' Leit hand 's Lache schier verdruckt.

Drauf haut se gmoint: „Sie sind jetzt dran,
fangen Sie gleich hiermit an
und füllen diesen Antrag aus!"
„Ja, i komm doch idd in dös Haus,
dass i uier Arbeit dua,
dir verdeanet alle gnua,
und schreibe weared dr wohl kenne,
i muaß de ganze Tag recht renne,
und übrigens fehlt mir mei Brille,
dean Antrag dend no sell ausfülle!

„Also gut", moint drauf dia Frau,
„dann sagen Sie mir jetzt genau
ihre Anschrift, Name, Alter,
und wer ist der Fahrzeughalter?
Ich brauch auch noch den Pass mit Bild
und das neue Nummernschild!"

„Nummernschilder?", sag in nau,
„ja weage deam bi i ja dau?
Dös Schildle kriag i doch vo ui,
dös Auto isch doch no ganz nui!"
„Nein, nein", set nau dia Föhl zu mir,
„die Kennzeichen gibt es nicht hier!"
„Schilder gibt's, dau gand'r naus,
vis-a-vis im andre Haus!",
moint ganz mitleidsvoll a Ma
am andre Schaltar nebadra!

„So", sag i, „i mag idd klage,
doch könnt ma dös idd früher sage,
dass dau hinn koi Schildla geit,
iatz wat i sche dia ganze Zeit!
Mei Lieber, dösch a Affehaus!",
hau i gset, nau bi i naus.

Weidle bin i sofort gloffe
vis-a-vis zum Schildle-Kofe.
Nei beir Ladetür recht wild:
„Grüaß Gott, i brauch a Nummernschild!"
Dea Verkäufer moint nau glei,
dass dös koi Problem idd sei,
er briecht iatz bloß dean Abholschei,

nau ka na mir dia Schilder gea!"
Ja, was schwätzt iatz der derhea?
„I hau doch koin Schei derbei",
sag i zu deam Herre glei!

Drauf moint dea Sell, dös spielt koi Rolle,
im Landratsamt soll i dean hole!
Dös sei glei über d' Straß grad numm,
und wenn i rechtzeitig no komm,
nau kriag i dau dean Abholschei,
doch dös sott sche weidle sei,
denn dös Amt, dös sperrt glei zua,
dia gand iatz nau in Mittagsruah!"

„So!", sag i und flitz mea naus,
mir haut's d' Schweiß beim Hire raus!
Nix wia in dös Amt mea nei,
i brauch iatz dean Schildle-Schei!
Doch grad wia i beir Tür nei will,
– es war sche so verdächtig still –,
siehg i no a Putzfrau loffe,
soscht hau i koin Mensch mea troffe.

Dia Putzfrau red i nau glei a,
schwätz energisch an se na:
„Ja, saget Sie mir, gute Frau,
isch dau dinna koir mea dau?"
„Zulassungsstelle ist schon zu,
musst morgen wieder kommen du!"
„So? Aha?" – Iatz isch so weit,
koir mea dau, idd weit und breit!

Koi Schildle hau i und koin Schei!
I bi nau in meim Zore hoi,
gwartet haut se sche, dia Mei,
und gfrauget, wo dös Auto sei?

„Nix Auto", sag i, „i hau gnua,
i kof mer nuie Wanderschuah,
denn ois isch gwieß, dös sag dr glei,
ins Landratsamt bringsch mi num nei.
Bevor i dös no oimaul muaß,
verkof i 's Auto und gang z' Fuaß!"

43

Das hohe Verkehrsaufkommen mit dem dazu-
gehörigen Parkplatzproblem kann uns tagtäg-
lich in so manch unglaubliche Situation bringen!

Die Parkhaus-Story

Mei Lieber, dös isch so a Gschicht,
dia i ui dau iatz bericht!
Sell isch passiert vor etla Wocha,
loset, was i hau verbroche!

Es war a harmlos scheaner Tag,
dau moit mei Frau: „Du, Schorsch, iatz sag?

Fähsch du heit, vielleicht iatz glei,
für mi no auf Kaufbeire nei?
I bräucht no so diverse Sache,
komm, dös kasch doch für mi mache!"

„Noi", sag i, „i hau koi Zeit,
denn i mäh de Gate heit!
Dös Rasemähe, dös muaß sei,
auf Beire komm i soscht mea nei!"

Doch gwalttätig, wia d' Weiber sind,
beug i mi deam sture Grind;
und fahr hald doch auf Beire nei,
park im Parkhaus, Parkdeck zwei,

glei nebe am VW-Bus dett,
dea haut a bsonders „Outfit" ghet.
Naglnui und wunderschea,
in „Nautik-Blau", dös macht was hea.
Nebadra mei alter Benz
– voller Dreck – macht dau koin Stenz.

Doch iatza flott ins Städtle nei,
im Schnellgang kof i alles ei,
denn dös Parkhaus koscht ja Geld,
und dia Parkuhr weidle zellt!

I bi recht schnell und nauch zwei Stund
o sche mea im Parkhaus dund!
Gebühr bezahlt, gang i mea nei,
dob im Parkdeck siech i glei
mea dean Bus in „Nautik-Blau",
dea stauht no dett, i siech en gnau.
Derhinter miaßt mei Auto sei,
bloß nebadra, dea Platz isch frei.
Vo meim Auto keine Spur,
weit und breit auf ganzer Flur.
Iatz soll mi doch dr Teifel hole,
ja, ebbar haut mei Auto gstohle!

Ganz verdaddret stand i dra,
luge auf dean Parkplatz na.
Mei Auto, dös isch nicht mea dau,
bloß dea VW in „Nautic-Blau".

Iatz stand i in der Parkgarasch,
ja, hurement, und dia Blamasch!

Ausgrechnet mir muaß dös passiere,
ja soll i denn iatz z' Fuaß marschiere?

Dau hilft bloß ois, i mach nau glei
Meldung bei der Polizei.
Sofort ruf i per Handy a:
„Grüaß Gott, dau isch dr Ried Schorsch dra!
Mir hand se mein Mercedes gstohle,
kennt ma mi im Parkhaus hole?
„Noi", moit drauf der gute Ma,
„bleibet Sie am Tatort dra,
i schick a Streife glei vorbei,
dia fäht zu Ui ins Parkhaus nei."

Wahrlich, nauch ar halbe Stund,
– i stand mir meine Füaß sche wund –
kommt doch endlich d' Polizei,
i befzge, wo se so lang sei?
Dös Warte duat mer ghörig stinke,
dea Dieb isch ja sche hinter Minke!

„Immer ruhig sei", moit dea Ma,
„iatz luag mer zescht de Tatort a."
Nau soll i eahm dia Daten sage,
und wia a ausgschaut haut, de Wage,
dös kommt alls in Computer nei,
nau leitet er a Fahndung ei!

Gesagt, getan, dös haut's glei ghet,
dea Polizischt war doch so nett
und set zu mir: „I fahr Sie hoi!"
Vielen Dank, doch i sag: „Noi,

was moinet Dir, was ma dau set,
wenn mi heit Polizei hoifäht!
Bei eis im Doaf, dau heißt's nau glei,
de Ried Schorsch, dean bringt Polizei!
Na, na, dia Nauchred ka mer spare,
dau dua i liaber Taxi fahre!"

So weit wär dia Gschicht iatz aus,
dr Schandi fäht beim Parkhaus naus
mit Blaulicht und Tatütata
und i gang Parkhaus-Treppe na.

Oi Stockwerk tiefer merk i nau,
i war doch heit sche oimaul dau.
Ja, hurement, dös ka idd sei,
dau stauht ja Parkdeck Nummer zwei?

Wia isch denn dös dau in deam Haus,
luaget dau denn alls gleich aus?

Hoch erregt gang i nau glei
in dös untre Parkdeck nei.

Ja, sappraluft, was siehg i dau,
an Caravan in „Nautik-Blau",
und neba dra, ja, iatz weat's nett,
stauht doch glatt mei Auto dett!

Schnell weat mir dös oine klar,
dass i vor verkehrt rum war,
i war in Parkdeck Nummer drei,
doch parkt hau i auf Nummer zwei.

Und wia dund stauht ganz genau
ein Caravan in „Nautic-Blau".
Gleich poliert und auffrisiert,
an deam hau i mi orientiert!

Ja, wia ma bloß so blöd sei ka,
fang i mir glei zum denka a.
Was sag i bloß der Polizei?
I hock mi in mei Auto glei,
fahr weidle bei deam Parkhaus raus
in d' Stadt, Richtung Präsidium naus.

Auf halbem Weg, beim Rathaus dra,
fäht hinter mi a Auto na
und schaltet o glei 's Blaulicht ei,
hurement, dösch Polizei.
Vorbei an mir, mit Martinshorn,
schneidet dia mein Weag vo vorn,
drucket mi an Gehsteig naus
und springet aus deam Karre raus!

Pistol im Anschlag, stürmet zwea
schnurstracks zu meim Auto hea.
„Sofort raus!", schreit oir ganz laut
und haut derbei an d' Scheibe ghaut.
Dr ander, dea stauht neba dett,
haut in seir Hand a Gwehr glei ghet.
Nau steig i aus, bi leicheblass,
mei Liaber, desch frei gar koi Spaß!
„Hände hoch!", schreit dea zu mir,
so stand i an d' Autotür.

D' Füaß ausnand, d' Händ in dr Heache,
werd i gfilzt vo Kopf bis Zecha.
Wia dr greascht Verbrecher hald,
bin i in Polizeigewalt!

Mit Handschella am Handglenk dra,
so dass i idd verdloffe ka,
set nau zu mir dea Polizischt:
„Endlich hammer Sie verdwischt,
dös Fahrzeug mit deam Nummernschild
bei uns als frisch gestohlen gilt!"

„Halt!", schrei i zur Polizei,
„dös ka bloß a Verwechslung sei!
Dös ka idd stimme, globets mir,
dea Mercedes, dea gheat mir!"

D' Leit ringsum, dia bleibet stauh,
dean Krimi laut sich koir entgauh.
An Haufe standet mit derbei,
zwei alte Weiber schwätzet glei:
„Dean Ma, dean dia verhaftet hand,
dös Gsicht, dös isch mer doch bekannt?"
„Freilig", moit nau glei dia oi,
„dös däb doch dea vom Radio sei!"
„Dös isch dr Ried Schorsch!", set dia Sell,
„ja was, und dea isch kriminell?",
befzget nau dia andr mea!
So gauht dös Schwätze hin und hea,
vo überall sind d' Leit heagrennt,
dia meiste hand mi ganz guat kennt!

A Blamasch, i ka's ui sage,
dau muasch einiges vertrage!

Gott sei Dank haut nochher glei
im Auto dinn dia Polizei
meine Papiere kontrolliert
und no kurz telefoniert.
Nau war dia Sach o ganz schnell klar,
dass dös a Missverständnis war!
Dös war mer nauche o koi Trost,
dea Spaß haut 100 Euro koscht!
Zwecks Irreführung, so haut's gheiße,
dau kennscht dr frei ins Fidle beiße!

Nauch drei Stund Krimi bin i hoi,
beir Haustür nei, moit nau dia Mei:
„Ja, sag, wo bisch iatz so lang gwea,
haut's mea amaul koin Parkplatz gea?
Dau muasch du ins Parkhaus fahre,
dau geit's an Platz und ma ka spare!"

I hau bloß glachet und drauf gset:
„Ja, hätt i bloß dean Rase gmäht!"

Saustall-Foto

In einem – hier nicht genannten – Dorf im Allgäu hat einer der größten Bauern seinen Betrieb auf Schweinemast umgestellt.

Der neue Saustall war fertig gebaut und es kam die große Einweihungsfeier. Der Bauernverband, die Gemeinderäte und natürlich der Bürgermeister waren bei diesem Ereignis anwesend. Auch die Presse war geladen, um von diesem Fest in der örtlichen Zeitung zu berichten.

Der Pressefotograf forderte den Bürgermeister auf, sich in den neuen Schweinestall zwischen die Viecher zu stellen, das sei ein gutes Motiv. Gesagt, getan! Am nächsten Tag, bei der Redaktionssitzung der Zeitung, sah man sich die Fotos an und war auch entschlossen, eines der Bilder in der Zeitung abzudrucken.

Ein großes Problem trat jedoch auf. Wie sollte die Bildunterschrift lauten:

Bürgermeister Maier und seine Schweine!? Das geht doch nicht.

Oder: Die Schweine vom Dorf und Bürgermeister Maier!? Auch das geht nicht gut.

Da fiel dem Lehrbub, der das Volontariat bei der Zeitung machte, die Lösung ein: „Wir schreiben ganz einfach: Bürgermeister Maier, zweiter von links!"

Wir Männer sollten nicht alles glauben, was die Wissenschaft behauptet:

Statistik

D' Statistik set eis ganz genau,
im Radio hau i's ghert,
dass zum Ma fast jede Frau
um fünf Jauhr älter weat.

„Ja was?", moit ganz verwundret d' Senz,
„ja, isch dös wirklich wauhr?
Nau hau i nauch em Tod vom Lenz
doch no fünf scheana Jauhr!"

Verwandt?

„Du, Fritz, i hätt a Fraug schnell ghet:
Wia isch iatz dau dr Stand?
Gang i mit deiner Frau ins Bett,
sag, sind mir nau verwandt?"

„Noi", moit Fritz, „dös ka idd sei,
verwandt sind mir gwieß idd.
Flacksch du zu meiner Alte nei,
nau simmer höchstens quitt!"

Eine klare und verständliche Aussprache muss
nicht immer von Vorteil sein:

Diagnose

Dr Martl isch zum Doktor gange,
dös duat eahn o sche länger blange.
Untersuacht vor längerer Zeit,
kriat a dös Ergebnis heit!

„Also, Herr Doktor, i mecht Klarheit,
saget mir auf Deutsch dia Wahrheit,
denn Latein verstand i nicht!
Fanget a, denn i bi gricht!"

Der Doktor moint, drei schwere Sache
dend eahm Kopfzerbrecha mache:
Sei Lebenswandel sei idd guat,
vor allem er z'viel saufe duat.
O dös Esse tut belaschte,
am beschte wär a Zeit lang faschte,
und all dia Weiber neabazua,
dia land deam Kreislauf o koi Ruah!

Dr Martl schluckt und frauget glei,
ob's vielleicht doch möglich sei,
dass dös Ergebnis ganz konkret
dr Doktor eahm lateinisch set!

„Wisset, Herr Doktor, komm i heit hoi,
nau frauget se sofort, dia Mei,
was Sie mir alls verklickret hand,
und wia na isch, mei Gsundheitsstand?
Dös, wenn i der auf Deutsch vorführ,
nau isch vorbei mit Wiat und Bier.
Lateinisch duat dia idd verstauh,
nau kennt i's weiter lottre lau!

57

Ob „Er" oder „Sie" an folgender Tatsache schuld ist, das bleibt dem Betrachter, bzw. der Betrachterin selbst überlassen.

Bei eiserm Wiat derhoi

Bei eiserm Wiat derhoi,
dau bin i wia derhoi.
Doch bei mir derhoi,
dau bin i nia derhoi.

So bin i oft beim Wiat,
weil sich dau ebbas rührt.
Und weil's was z'redet geit,
bei nette Leit!

Doch komm i nau mea hoi,
so richtig blau mea hoi.
Nau moit mei Frau derhoi:
„Bisch iatz mea dau derhoi?"

Nau gang i hald mea naus,
gang in a anders Haus,
wo mir koi Schimpfe blüht,
dös isch beim Wiat!

Iatz wiss mer's ganz genau,
schuld isch dia eige Frau.
Dät dia dös Schimpfe lau,
bricht i zum Wiat num gauh.

Doch iatz ganz ehrlich gset,
wenn dia idd schimpfe tät,
nau ging i numma futt –
und eiser Wiat kaputt!

Schlafstörung

Bei eiserm Wiat derhoi, dau bin i wia derhoi.
Bloß bei mir derhoi, dau bin i nia derhoi.

So hat dr Kechele Josef am Stammtisch beim
Obre Wiat gset. Drauf hat dr Bichele Beni
gmoit: „Du hausch leicht rede! Hättesch du o
so a bissigs Weib wia i derhoi, dia so an leichte
Schlauf haut, dass se jeds Maul aufwacht, wenn
i spät hoikomm und nau recht goschet, so dass
dr ganze nächste Tag bloß no a stille Mess geit.
Hättesch du so oine derhoi, nau dät dir dös
‚Wiat-Rumhocke' sche o verdleide."
„Dau weiß i dir an guate Raut!", moint dr Josef:
„Mach's a so wia i. I, wenn spät hoikomm, nau
reiß i d' Haustür auf, trample d' Stiag nauf, reiß
dia Schlaufzimmertür auf und nau schrei i: ‚So
Alte, iatz bin i dau und iatz pack mer's no!'
Was moisch, wia dia schlauft!"

*Zwei Beispiele, wie der Allgäuer kurz und bündig,
ehrlich und direkt dem weiblichen Geschlecht
wichtige Bedürfnisse mitteilt:*

Liebesbrief

Liebste Zenzi, lass dir sagen:
Wart heut am alten Stadl duss!
Höschen brauchst du keines tragen,
weil ich dir ebbas sagen muss!

Kannst du idd kommen, sei so nett,
dann gib dean Brief so weiter
an Deglars Anni, Merke Babet
oder an d' Vroni Reiter!

Heiratsantrag

Liebste Vev, i schreib dir heit
dös Briefle dau vo mir,
denn i will, 's isch an dr Zeit,
iatz doch no ebbs vo dir.

I mecht di heire, wead mei Frau,
i hoff, du findsch dös schea?
Wenn idd, nau kasch dös Briefle dau
glei Meiers Rosl gea!

Wenn man Junggeselle ist und in die Jahre kommt, sollte man bei der Auswahl heiratswilliger Damen ein bisschen tolerant sein und durchaus Kompromisse eingehen:

Dobler Afra

Im Ringcafé – dös isch bekannt
als „Single-Treff" vo Stadt und Land –,
dau trifft dr Franz sein Freind, de Hans,
ganz zufällig beim Fasnachts-Tanz.

„Ja, sag grad Hans, wia gauhts dr so,
bisch beim Finanzamt allet no?
Hausch sche a Freindin, oder gar
a Frau mitsamt ar Budlwar?"

„Noi", set Hans, „hätt i a Frau,
nau wär i ja wohl heit idd dau!
Doch vielleicht duat heit was gauh,
siehsch dau dean die Blonde stauh?
Dia luaget mi sche länger a,
i glob, dass i dau lande ka!"

„Dia dau dean?", moint Franzl glei,
„dau lass deine Finger sei!
Dia Sell, dia isch vo Buchle dund,
dia wechslet d' Kerle fascht all Stund.

Afra Dobler heißt dös Weib,
für viele bloß a Zeitvertreib.
Dia haut's sche mit ganz Buchle triebe,
dia Afra isch nia standhaft bliebe."

„Ja, was grad sösch, iatz bin i platt,
dös Buchle, dös isch doch a Stadt",
haut Hansl gmoit, und isch verdloffe,
haut idd amaul sei Bier ausgsoffe.

Eascht nauch am Jauhr, 's war Fasnachtsball
in Blonhofen beim Zitt im Saal,
trifft de Franz dean Hansl mea
und sie ratschet glei, dia zwea:

„Ja, sag grad Hans, wia gauht's dr so,
bisch iatza allad ledig no?"
„Noi", set Hans, „i hau iatz gheiret,
im Novembr hammer's gfeiret."

„Ja, gratuliere, dös isch schea!
Wo kommt nau dös Weible hea?"
„Dia kennsch du sche, dös isch dia oi,
dia dett im Ringcafé alloi,
mit blonde Haar so blimslet haut."
„Ja, weisch du num mein guate Raut,
dass dös dia Afra Dobler war,
hau i dir gset doch klipp und klar.
Dia Sell, dia isch nia standhaft bliebe,
mit der haut's sche ganz Buchle triebe!"

„Klar, hau i dein Raut vernomme,
doch dann bin i auf Buchle komme.
Nau war i mit meim Gwisse quitt,
denn so groß isch dös Buchle idd!"

Weißwurscht-Story

Dös isch a Gschicht, dia muaß ma heara,
es handelt sich um Rufs Xavere.
A lustiger, a netter Ma,
der früahner allad vona dra,
und gera bei der Fasnacht war.
Doch zmaul macht sich dr Xaver rar!

Schuld dra war sei Kunigund,
oine mit am böse Mund.
Seit a dia dett gheiret haut,
Xaver num in d' Wirtschaft gauht,
und seitdeam isch es o vorbei
mit der Fasnachtstreiberei.

Es war der Rußig Freitag det,
sei Kuni haut a mordsdrum Gfrett
und schreit: „Du, Xaver, dau gang hea,
bei eis duat's more Weißwürscht gea.
Nimm dei Radl und fahr glei
ins Doaf zu eisrm Metzgar nei.
Dau hausch zwei Mark, bring zwei Paar mit,
und vergiss de Senf frei idd.

Nimm hundert Gramm, du weisch, an siaße,
dean lausch dr in a Tütle giaße,
dös duasch alls in dia Juppe nei
und komm mer frei o glei mea hoi!

Bleib mir ja idd länger aus!"
Dr Xaver dabbet naus beim Haus
und gauht o glei, wia ihm befohle,
zum Metzgar na, zum Weißwürscht hole.

Beim Metzgar dinn, am Ladebudl,
stauht sei Freind, dr Biehlar Ludl.
„Ja, grüaß di Xaver, dös isch guat,
dass ma di heit treffa duat.
Mir hocket all beim Wiat beinand,
weil mer doch heit Fasnacht hand.

Komm, gang mit, Xavere trau di,
dös geit bestimmt a mordsdrum Gaudi!"

Dr Xaver moint: „Mi dät sche reize,
a scheana, frische Halbe Weize.
Doch was weat gau mei Gundl sage,
i siech se iatz sche um sich schlage!"

„Komm, auf oine gauhsch iatz mit,
dös merkt doch dei Alte idd!"

Dr Xaver koft schnell d' Weißwürscht ei,
duat's in d' Juppetäsche nei,
unverpackt, so wia se sind,
o dr Senf sei Plätzle findt.

Und weidle springt a, weil's pressiert,
mit em Ludl numm zum Wiat.
Xavere sitzt am Stammtisch dra,
iatz gauht dia „Weißwurscht-Story" a!

Er bstellt a Halbe Weizebier,
nau sind's zwei und bald sche vier.
Er haut a Gaudi, lachet, singt,
so dass dr Wiat no Schnäpsla bringt.
Grad wia früahner weat mea gsoffe,
dr Xaver denkt num ans Verdloffe.
Er weiß koi Stund, koi Uhrzeit mea,
bei deam Wiat war's oinzig schea!

Zu allem no haut nau auf d' Nacht
dr Wiat im Stüble Bar aufgmacht.
Dau sind an haufe Mädla komme,
dia hand Xavere glei mitgnomme.

Und weil ja Ruaßig Freitag war,
hand dia deam Xaver in der Bar
überall an Ruaß nagschmiert;
und derbei no abussiert!
Der Druckerei so ananand
hält dea Senf glei gar idd stand.

Senf, Konfetti, Schnupftabak,
alls in Xavers Juppesack,
samt deam haufe schwaze Ruaß
und dia Weißwürscht in deam Muas.

Nau haut a no a Zigar graucht,
iatz haut's eisern Xaver gschlaucht.
Er ka num stauh und numma loffe,
dea Kerle, dea war restlos bsoffe!

Ma hert ean bloß no lalle, klage:
„Was weat gauh mei Alte sage?"
Nau verdreht a d' Auge glei
und ruaslet mit seim Saurausch ei!

Dr Ludl lupft sein Freind Xavere,
dean bsoffene Laggl, dean ganz schwere,
und legt eahn in an Leiterwage,
derbei verreißt am no de Krage.
Dean Baz druckt's bei dr Juppe raus,
nau fahret se beir Wirtschaft naus.

Derhoi macht Kunigunde auf,
duat an giftig, schwere Schnauf
und fangt o glei zum wettre a!

Drauf moit dr Ludl: „Lass dein Ma,
dea haut koin Rausch, dös liegt am Esse,
der haut a schlechte Weißwurscht gesse.
Beim Metzgar haut er dia heit kriat,
hätt a dia bloß idd probiert.
Dea Xaver, dea wär eis bald gstorbe,
luag, dia Weißwürscht sind verdorbe!"

Und Ludl ziacht dia Weißwürscht raus
vo Xavers Juppe, so a Graus.
„Ja, furchbar", schreit dia Kuni glei,
was dend denn dös für Weißwürscht sei?
Die sind ja katzegrau, voll Schmiere,
ja, so was derfsch doch idd probiere!"

„Komm, Xaverle, wear mea gsund,
i bi's, dei Schätzle Kunigund.
Es tut mir leid, zescht hau i denkt,
dir hand se mea an Rausch eigschenkt!"

„Noi", moint Ludl, „wo denksch denn na,
er trinkt doch nix, dei lieber Ma.
Obwohl, dös sott ma idd vergesse,
dass 's Trinke gsünder isch wia 's Esse.
Du siechsch dia Würscht, dia hand en troffe,
hätt gscheider er a Weize gsoffe!
Bei am Weizebier vom Wiat
haut no koir d' Vergiftung kriat!"

D' Gundl moit: „Dau hausch wohl recht,
mei Gott, gauht's deam Xaver schlecht!
Komm, Ludwig, bring de Xaver rei,
und leg mern doch in d' Stube nei!"
Dean Metzgar, bua, dean zeig i a,
solche Würscht geit dea meim Ma!"

Sui isch bedrückt und gauht ins Haus!
Ludl lupft de Xaver raus
aus deam alte Leiterwage,
zmaul heat a Xaver leise sage:

„Vergelt's Gott Ludl, du warsch guat,
dass dös mei Alte globe duat,
dös hätt i mir bei Gott nia denkt,
an scheane Tag hausch du mir gschenkt!

Mei Ludl, war dös heit doch schea,
du, solche Weißwürscht kof mer mea!"

Es gibt Situationen im Leben, die können sehr traurig sein. Oder auch nicht!

Pausenlos

Em Düllar Hans sei Kunigund
trät ma de Friedhof nauf,
und weil se dick war, kugelrund,
duat alls an ghörig Schnauf.

Auf halbem Weg, am Brunne det,
stellt ma de Sarg kurz na.
Dia Träger hand a Pause ghet,
zmaul loset se, dia Ma!

Es klopft ganz laut im Sarg dau dund
und schnell weat alle klar,
dass in deam Sarg, dia Kunigund,
döttmals bloß scheintot war.

Sui haut no glebt a lange Zeit
und isch breits achtzge wore.
Bei Gott, idd grad zu Hansls Freid,
es war oft gnua a Zore!

Vornächt isch es nau passiert,
Kunis letschte Stund. –
Ma isch de Berg mea naufmarschiert
mit Sarg und Kunigund.

Beim Brunne schreit dr Hans ganz laut:
„Gell, heit weat idd pausiert,
idd dass mea so wia döttmals gauht,
heit weat frei durchmarschiert!

Wie die Allgäuer mit Bedürfnissen, Wünschen und deren Erfüllung umgehen, kann man in dieser Geschichte erfahren:

Wintermantel

Dr Ludl kommt vom Stammtisch hoi,
es isch arg spät heit woare,
sei Resl, dia hockt ganz alloi
am Kuchetisch voll Zore!

Dr Ludl duat in d' Kuche gauh,
sei Resl macht an Schnauf,
am Tisch siecht er a Torte stauh
mit 17 Kerza drauf!

„Ja, Resl, sag, was isch heit los,
hausch du Geburtstag ghet?
Warum standet, iatz sag mer bloß,
dau 17 Kerza det?

„Lose, Ma, was i dir sag,
dös isch frei traurig, wauhr,
mei Wintermantel weat auf de Tag
genau heit 17 Jauhr."

Beim Ludl schaltet 's Hiare ei,
er will dia Schand eilenke:
„I wer der Theres morge glei
an nuie Mantel schenke!"

Am nächste Tag fäht Ludl nau
ins Städtle nei, auf Beire,
er will an Mantel für sei Frau,
bloß findt a lauter teire.

Dr Geldbeutel moit eher – Na!,
zum Mantel für dia Res.
Was Ludl dau wohl kofe ka,
statt all deam teire Häs?

Er gauht sofort in Kaufmarkt nei
und haut dau unverhofft
um 90 Cent nau für dia Sei
die 18. Kerze koft!

Dass die weitum bekannte Friedsamkeit des Allgäuers nicht auf die Spitze der Gemütsamkeit getrieben werden soll, sagt uns folgender Vers:

Zu weit gegangen

Dr Ludl isch mit seiner Res
am Donnstag nei in d' Stadt.
Sui braucht sche lang mea mal a Häs
und Ludl an Krawatt.

Es war o grad dr Wochemat
und dau koft d' Resl gera ei.
Dr Ludl moit: „Dös passt mer grad,
i hock drweil in d' Traube nei!"

Iatz haut dia Resl auf deam Mat
an haufe Weiber troffe!
Doch Ludl, deam war's o idd fad,
dea haut am Stammtisch gsoffe.

Dia Resl isch eascht nauch zwei Stund
zum Ludl in dia Traube.
Der haut sche 13 Halbe dund,
ma ka eahn fascht aufklaube.

Iatz schimpft dia Res dean Ludl hea,
ziacht eahn beir Wirtschaft naus,
„an größre Säufer duat's idd gea",
schreit sui durchs ganze Haus.

So gauht dös futt, dia Resl schreit
dia Kaiser-Max-Straß na,
sui goschet und dia ganze Leit,
dia loset dös Trara.

Dia Resl nimmt sogar de Krette
und duat auf Ludl schlage,
dr Ludl ka sich numma rette,
ma heat eahn bloß no klage!

Beim Rathaus dund war's nau so weit,
es haut sich Ludl grührt,
sich umdreht und vor alle Leit
seir Resl oine gschmiert.

In deam Moment, so wia's oft ischt,
springt an de Ludl na
vom Rathaus raus a Polizischt
und goschet, was a ka:

„Mein lieber Herr, was seh ich grad,
ich bin ja wohl nicht blind.
Ich glaub, dass Sie mit dieser Tat
zu weit gegangen sind!"

„Zu weit gegangen, ja – i glob!",
duat Ludl rezitiere,
„i hätt'r solle sche dau dob
beir ‚Traube' oine schmiere!"

Die besonderen Gesetze des „Gumpigen Donners-
tag" zur Fasnachts-Zeit ermöglichen folgende
Geschichte, die nur von Frauen erlebt und des-
halb auch vorgetragen werden kann:

Weiberfasnacht

Der schönste Tag im ganze Jahr,
globet's mir, dös isch frei wahr,
dös isch dr „Glumpet Donnerstag",
a Tag, dean i ganz bsonders mag.

Da hand d' Weiber 's Regiment,
dia Gesetze jeder kennt:
Eisre Männer sind derhoi
und mir sind unterwegs, alloi!

Weiberfasnacht weat dau gmacht,
von dr Früah bis weit in d' Nacht.
All Jahr gauht's auf Fasnachts-Tour –
und dös isch koi Erholungs-Kur.

So a Tag, dea braucht sche Kraft,
dass ma all dia Einsätz schafft.
So a Tag isch leichtsam feicht,
dau hand's dia Männer gar idd leicht!

Müllers Frenze, Veitls Res,
Meggle Nandl, d' Vev vom Käs
und i als Fünfte no derzua,
dösch für d' Mannsbilder grad gnua.

Im letschte Jahr war's bsonders schea,
da hat's an „Neger-Aufstand" gea.
Trotz eisre etwas breitre Leiber,
wared mir fünf Negerweiber.
Ganz aus Stroah war eiser Häs,
mit am große Ring durch d' Näs,
an Lockekopf, pechschwarz dr Grind
– mir hand eis zescht glei sell idd kennt –,
fascht entstellt luaget mir aus,
grad wia frisch vom Kongo raus!

Um neine simmer futt derhoi
und sofort ins Rössle nei.
Dös ghert em Max – a rarer Wiat –,
dea hat eis glei in d' Stube gführt
und a Geißemaß ausgea,
mit 15 Schnäps, bua, dia hebt hea!

Dös geit eis glei de rechte Schwung,
mei, mir sind ja o num jung.
– Mir sind sche alle über vierzig,
aber frei no ziemlich würzig –
und mit am bissle Alkohol
ganz schea auf dia Männer toll.

Dean Wiat hand mir glei abussiert,
dea war im ganze Gsicht verschmiert.
's Hemmat schwarz, doch o bei eis
war dr halbe Grind mea weiß.

Für so a Panne hand mir glei
a schwaze Schuahcrem mit derbei.
In dr Tube duat's dia gea,
richtig fett, bua, dia deckt schea!
Mir hand eis mea de Grind eigschmiert,
drauf noml 3 Maß Geiß probiert.

„Loset, Mädla, was i sag,
dir brauchet iatz a Unterlag",
set dr Wiat und bringt eis glei
a richtig fette Schwarzwurscht rei.

„Dia isch grad recht", moint d' Res vom Veitl,
„denn dia Wuscht heißt ,Negarbeitl',
und dös passt ja guat zu eis!"
Nau frisst dia Resl grad mit Pfleiß
dean halbe Ring fascht ganz alloi,
und dös Drum war frei idd kloi.

Iatz geit ja so a scharfe Wuscht
no derzua an mordsdrum Duscht.
Drum sind dia Geißa süffig gloffe,
d' Resl haut alloi zwei gsoffe.
Und dös war ghörig übertriebe,
im Klo duss haut se alls mea gschbiebe!
Doch weg deam weat dia idd gscheiter,
sell kommt mea rei und sauft glei weiter!

Nach 8 Maß Geiß sind mir eascht raus
aus deam „Rössle-Neger-Haus!"

Grad so, wia ma an Molle führt,
ziacht eis am Näsering dr Wiat
über d' Straß ins Gmoitshaus nei!
Dr Bürgermeister war alloi!

Deam hammer glei, trotz Bettle, Bitte,
mit dr Scher Krawatt agschnitte,
und natürlich fescht bussiert,
deam sei Gsicht war schea verschmiert!

Er haut eis nau a Schnäpsle gea
– oder wared's vielleicht zwea? –
I weiß num gwieß, auf jeden Fall,
duat dös zmaul an arge Knall
und d' Nandl isch vom Stuhl ragfalle,
dia ka num rede, bloß no lalle!

Dia haut de greaschte Rausch beinand,
i pack se nau glei bei dr Hand
und luag, ob i ihr helfe ka.
Prompt flack i als Nächstes dra!

Derbei haut sich mei Kleid verfange,
iatz isch dös ganze Stroh aufgange.

Dr Vev, der fällt nix Bessers ei,
dia wirft dös lange Stroh dett nei,
in dia Maschi am Bode dra,
wo ma dia Akten vernichte ka!

Dös pfutzget wia a Dreschmaschi,
zmaul war nau dea Kaste hi!
Doch 's Nettescht no, im ganze Haus
siecht's wia in am Saustall aus!

Mir hand no schnell dean Schnaps ausgsoffe,
nau sind mir Richtung „Bäre" gloffe.

Beim „Bäre" wared ziemlich Leit,
weil's dau so guate Weißwürscht geit
am Donnerstag, allad ganz frisch!
Voll besetzt war jeder Tisch.

Doch da mir ja nicht schüchtern sind,
sich leichtsam no a Plätzle findt!

Mir hocket glei zum Pfarrer na,
dea hat grad frische Weißwürscht dra.
Drei Paar Weißwürscht will der esse,
doch der hat scheint's eis vergesse.

D' Vev und d' Resl langet glei
beim Pfarrer in de Teller nei.
A jede schnappt sich so a Wuscht
und d' Nandl kriat sche mea an Duscht.
Dia trinkt vom Pfarrer 's Weizebier
und set derbei no „Prost" zu mir!

Hochwürden duat an tiefe Schnauf,
macht grad beim Senf de Deckel auf
und langet mit am Löffel nei,
in deam Moment schlät d' Nandl glei

de leere Maßkrug auf de Tisch,
so dass dr Senf schea rausgspritzt isch.
Am Hemat vo deam Pfarrersma
waret lauter Spritzer dra!

Iatz will dia Resl mit dr Hand
probiere, ob dia Fleck rausgand.
Derbei hat dia gar nicht bedacht,
dass sie ja heit an Negar macht,
iatz war dös Hemad schwaz, statt weiß!
Trotzdeam hat dr Pfarrer eis
drei Maß Weize no spendiert,
als Dank hat er a Bussi kriat!
Fünf Negarweiber in dr Pflicht,
dea Pfarrer war ganz schwaz im Gsicht.
Links und rechts am Backe dra,
a schwaze Schuahcrem, dös hebt a.

Mittlerweil hat nau dr Wiat
sei Quetschn gholt und singt a Liad.
Dös Lied vo deana Negerkind,
dia mitnand in d' Welt naus sind.
„Grad wia bei eis", moint d' Resl glei,
„mir kommet o mitnand nia hoi!"

„Viel gscheider wär, dea däb statt singe
eis a Fläschle Rotwei bringe",
befzget d' Nandl na an d' Leit,
und warum's koi Krapfe geit?
Dia Nandl haut an bsondre Mage,
dea muaß frei einiges vertrage.

Denn zu deam süße rote Wei
frisst dia glatt vier Krapfe nei.
Iatz, wenn ma so an Krapfe isst
und derbei dös Loch vergisst,
wo dia Marmelad rausspritzt,
und wenn der Druck vom Biss guat sitzt,
nau ka beim Beiße leicht passiere,
dass dös rausspritzt, wia beim Schmiere.

Beir Nandl isch dös ganz dumm gloffe,
dia hat pfeilgrad de Pfarrer troffe.
Mit Marmelad am Hemadkrage
duat Hochwürden iatz nix mea sage.
Er lachet num, hockt ganz still dett,
dea haut mit eis koi Glück heit ghet!

Herr Pfarrer isch nau ganz schnell hoi,
iatz war mer an deam Tisch alloi.
Um eis rum sind all verdloffe,
weg deam hand mir sche weitergsoffe!

D' Vev haut zmaul an Rausch beinand,
dia schneidt de Krapfe ausanand
und schmiert a frische Streichwuscht nei,
nau schwärmt se no, wia guat dös sei!

Oin Vorteil hat a Schmalzgebäck,
es isch dr Rausch mea weidle weck.
Ma kriat a guate Unterlag,
und dös isch guat bei so am Tag!

Denn beim Bäre, dob im Saal,
war auf d' Nacht no Lumpenball.
Da hat ma grad eis Neger braucht!
Mir hand zescht hunt a Zigar graucht,
na sind mir nauf in Bäre-Saal!

D' Vev, dia weat ganz käsig, fahl,
dös Rauche war scheint's idd so guat,
sie nimmt vom Wiat de Cowboyhuat
und speibt dau ihre Krapfe nei,
samt der Streichwuscht, dös riecht fei!

Vor lauter Rausch wollt Frenze mea
em Wiat dean Cowboyhuat aufgea!
Dös war em Wiat iatz nau doch z' blöd,
er hat energisch zu eis gset:
„Was isch denn dös für ein Benehme?
Mit ui, dau muaß ma sich ja schäme!
I moi, dass dr gnua gsoffe hand
und 's Beschte wär, wenn dr iatz gand!"

„Ja, sei grad ruhig, du ‚Staude-Wiat'",
hat sich nau glei d' Resl grührt,
„was bildsch dr denn du Bürschle ei,
schenk lieber eis a Freimaß nei!
Mir bleibet iatz no sauber dau,
schließlich isch heit ‚Tag der Frau'!"

„Richtig", moint glei d' Frenze drauf,
und setzt em Wiat sein Huat doch auf!"
Iatz war bei Gott dr Teifl los,
und dr Ärger riesengroß.

D' Nandl hat an Lachkrampf kriat,
a Riesenwuat dr Bäre-Wiat,
nau simmer futt, 's war höchste Zeit,
dass ja koin Neger-Aufstand geit!

Mir sind nau all mitnand glei hoi,
vom Äußeren grad num so fei.
Bei mir dr Grind, dea luget aus,
grad wia von am Bergwerk raus.
Mei Gsicht, dös war total verschmiert,
dr Näsering ganz demoliert.
Vom Strohkleid fang i gar idd a,
da wared bloß no Stürfel dra.
Voller Dreck dia guate Schuah
und an mordsdrum Rausch derzua.

So bin i bei dr Haustür nei,
in dr Stube hockt dr Mei!
Bei deam war stille Mess agset,
dös war mer o ganz recht – so spät.

De andre isch's so ähnlich gange,
dia hat ma o so nett empfange!
Was dau alls war, verzell i nicht,
dös geit a eigenes Gedicht.

Doch was soll dea ganze Krach,
die Fasnacht isch a scheana Sach.
Dau isch ma lustig und treibt Sache,
dia ka ma soscht 's ganz Jauhr idd mache.

Drum frei mer eis, mir fünf mitnand,
wenn mer mea auf d' Fasnacht gand.
Und 's nächst Mal weat's no viel, viel besser,
denn da gand mir als Menschenfresser!

Wie vergeht sie, die Zeit? Schnell oder langsam?
Hier sind die Betrachtungen eines Zeitgenossen:

Zeit

„Wia isch dia Zeit doch ungerecht",
duat ma sich jung beschwere,
a Jeder bloß dös oine mecht,
er mecht schnell älter were.

Bisch 12, duat's di auf 16 blange,
dia Jauhr, dia bleibet stauh.
Mei Lieber, dösch a Zeit, a lange!
Könnt denn dös idd schneller gauh?

Mit 16 willsch glei 18 sei,
es blanget oin sche mea.
Dia Zeit bis zu deam Führerschei,
dia gauht oifach idd hea.

Doch endlich isch es nau so weit,
ma isch iatz Frau und Ma.
Vergesse isch dia Wartezeit,
iatz gauht dös Leaba a.

Und schnell gauht ma auf 30ge zua,
weat reif und o viel heller.
Pläne haut ma mehr wia gnua,
und d' Zeit weat allad schneller.

Dea Sprung vo 30 auf 40ge nauf
vergauht im Sauseschritt,
dia Zeit, dia macht an Dauerlauf,
dia reißt oin bloß no mit.

Und zmaul bisch 50 auf derer Welt,
dia Zeit, dia laut idd lugg,
dia tickt und duat, grad wia ner's gfällt,
gauht furre und idd zruck.

Vo 50 auf 60 isch gar num weit,
ma redt vom Älterweare.
Dös Ticke vo der schnelle Zeit,
dös kasch idd überheare.

Nau isch ma 70, ma ka's idd globe,
wia schnell dia Zeit doch war.
Dia andre dend oin bloß no lobe,
und d' Zeit weat langsam rar.

Mit 80ge weat oim nau schnell klar,
wenn ma an früahner denkt;
wia schea dös doch mit 18 war.
Was haut ma Zeit verschenkt?

Dia nächste Jauhr kasch glücklich sei,
wenn's oft Geburtstag geit.
Denn irgendwann isch alls vorbei,
sogar die schnelle Zeit.